ANDRÉ SANCHES

Criador do método "Finanças Sem Chatice"

ENTENDENDO A CONTABILIDADE

para pequenos empresários

A **Contabilidade** é hoje a ferramenta mais importante no auxílio dos gestores nessa **tomada de decisões!**

Finanças sem chatice

ANDRÉ SANCHES
Criador do método "Finanças Sem Chatice"

ENTENDENDO A CONTABILIDADE

para pequenos empresários

Edição Digital
Brasília - 2022

"O que um engenheiro entende de finanças? Nada. Então decidi estudar CONTABILIDADE. E isso me serviu por toda a vida. Todas as pessoas que desejam ter uma empresa, primeiramente devem entender isso."

Olavo Setúbal

Índice

Introdução 01

Capítulo 01:
Conceitos Básicos 05

Capítulo 02:
Princípios Fundamentais, ... 16
Demonstrações e Índices de
Análises

Capítulo 03:
Contabilidade X 33
Gestão Financeira

INTRODUÇÃO

• O que é e para que serve a CONTABILIDADE?

TOMADA DE DECISÃO

Em geral todos nós estamos frequentemente tomando decisões, desde as mais corriqueiras como a hora de se levantar, o que comer até decisões mais importantes e com grandes consequências como casamento, faculdade, compra de uma casa etc.

Para essas decisões mais importantes são necessários análises mais profundas sobre todos os elementos envolvidos, todas as possíveis consequências e todos os cenários prováveis e coisas afins. Para se fazer essa análise é preciso levantar os dados e fazer um exercício de projeção e previsão.

Dentro de uma empresa não é diferente. Os gestores estão continuamente tomando decisões, algumas das quais podem ter grandes impactos e consequências em seus negócios, para isso é preciso fazer análises e projeções que deem suporte às decisões tomadas, daí vem a necessidade de levantar DADOS que auxiliem esse processo de análise. Decisões como comprar ou alugar uma máquina ou um imóvel, continuar ou suspender a produção e venda de determinado produto, contratar pessoal, contrair uma dívida de curto ou longo prazo, reduzir custos, expandir a sede, abrir uma nova unidade, fechar uma filial etc.

A CONTABILIDADE é hoje a ferramenta mais importante no auxílio dos gestores nessa tomada de decisões, a contabilidade é a ferramenta responsável por COLETAR DADOS ECONÔMICOS, E MENSURAR E SUMARIZAR EM FORMA DE RELATÓRIOS E ÍNDICES que podem ser usados como base para essa tomada de decisões.

A contabilidade é a linguagem ou o idioma universal dos negócios. Mede os resultados das empresas, avalia o desempenho dos negócios e dá as diretrizes às tomadas de decisões.

USUÁRIOS DA CONTABILIDADE

O conceito conhecido como objetivo básico da economia, o famoso: "aplicar os recursos escassos disponíveis com a máxima eficácia possível" tem se tornado uma tarefa cada vez mais difícil, por isso estar devidamente preparado e armado com o máximo de informações possíveis para auxiliar nesta tarefa é fundamental, por este motivo a alta administração e os gestores são (ou deveriam ser) em geral os usuários primários dos relatórios contábeis.

Os relatórios gerenciais fornecidos e elaborados a partir dos índices e valores que são processados através da contabilidade são indispensáveis na boa gestão de qualquer negócio. Porém além dos gestores e administradores existem diversos outros interessados e consumidores das informações e relatórios fornecidos por meio da contabilidade, que são chamados de usuários da informação contábil, tais como:

• INVESTIDORES: É exatamente por meio dos índices e relatórios contábeis que investidores tais como: acionistas, bancos, multinacionais identificam e analisam a situação econômico-financeira de uma empresa e tem em mãos os elementos necessários para aprovar ou não linhas de créditos, aquisição de ações/quotas e outros tipos de financiamentos e investimentos.

• FORNECEDORES: Os valores apresentados nos relatórios contábeis servem como fonte de informações para fornecedores optarem por exemplo por uma venda a crédito ou pela concessão de descontos e benefícios.

• GOVERNO: Utilizam os dados levantados pela contabilidade para fins de fiscalização e arrecadação de impostos, mas não só para isso. Os dados contábeis são usados para fins estatísticos que fundamentam as políticas de governo a serem adotadas, órgãos como IBGE, IPEA, Ministério do Trabalho e outros extraem das contabilidades das grandes, médias e pequenas empresas os dados que são usados como base para adoção da maioria das políticas sociais, econômicas do país.

- OUTROS USUÁRIOS: Sindicatos, funcionários, órgãos de classe, órgãos reguladores (como CVM, CRC, OAB, OCB), clientes, concorrentes etc.

> **CURIOSIDADE**
>
> Olavo Setúbal (1923-2008), fundador da DECA e responsável pela ascensão e crescimento do Banco ITAÚ, disse no artigo "Empresa do Século" na revista Revenda Construção nº 76:
>
> "O que um engenheiro entende de finanças? Nada. **Então decidi estudar CONTABILIDADE. E isso me serviu por toda a vida. Todas as pessoas que desejam ter uma empresa, primeiramente devem entender isso.**"

OBJETIVOS E FUNÇÕES DA CONTABILIDADE

Basicamente, como foi mostrado acima a função da contabilidade é: **PRODUZIR INFORMAÇÕES ÚTEIS ÀS TOMADAS DE DECISÕES DE SEUS USUÁRIOS A PARTIR DOS DADOS COLETADOS.**

Entendendo a principal função da contabilidade, fica mais fácil entender a área de atuação e os objetivos da contabilidade, na ilustração abaixo é possível enxergar a maneira como a contabilidade atua nesta produção de informações:

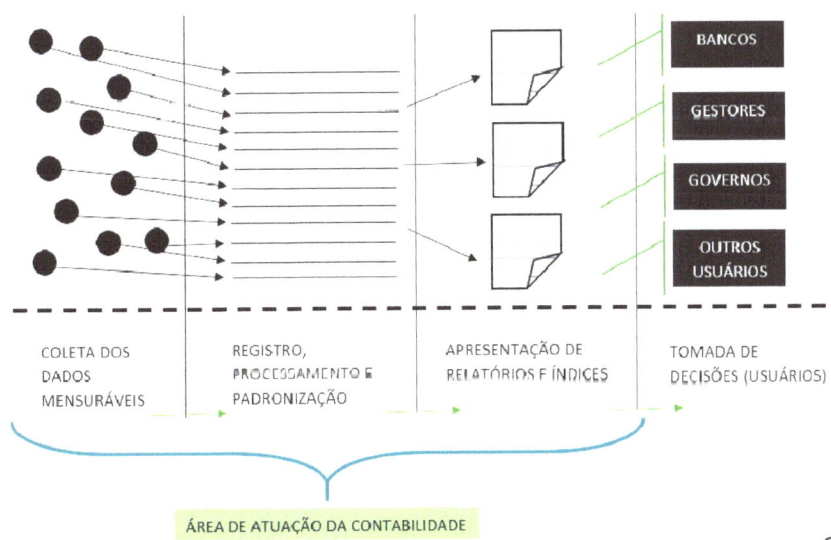

OBJETIVOS

A contabilidade é entendida como uma **ciência social**, porque leva em conta o fator humano em seus estudos, muitas vezes confundida com uma ciência exata como a matemática (apenas quantifica algo abstrato independente de ações humanas), a contabilidade tem como principal característica o estudo das **RIQUEZAS QUE SE INTEGRAM AO PATRIMÔNIO DE UMA ENTIDADE EM FACE DAS AÇÕES HUMANAS, DE FORMA QUANTITATIVA.**

Desta forma podemos definir que, em paralelo ao seu objetivo maior que é auxiliar na tomada de decisões de todos os seus usuários, os objetivos da contabilidade são:

• Quantificar riquezas e fatores patrimoniais
• Mensurar os impactos das ações humanas ao longo do tempo sobre essas riquezas e fatores patrimoniais
• Prever impactos futuros e possíveis cenários a partir de dados passados
• Apresentar de forma padrão essas riquezas e fatores patrimoniais de empresas de diferentes regiões, seguimentos, áreas de atuação, formas jurídicas etc.

Capítulo 1
Conceitos Básicos

O MÉTODO DAS PARTIDAS DOBRADAS

Conhecido até os dias de hoje como o "pai da contabilidade moderna", foi o Frei Luca Pacioli(frei franciscano que viveu entre 1445-1517) que, em meados do Séc. XV criou e disseminou o termo "Particulario de computies et Scripturis", ao qual chamamos de **método das partidas dobradas**, de onde surgem os conceitos de **DÉBITO** e **CRÉDITO**.

Em resumo este método nos afirma que **em toda e qualquer operação, o valor total da transação lançado a débito deve ser sempre exatamente igual ao valor da transação lançado a crédito.**

Em outras palavras, em uma transação não há um devedor sem que haja um credor correspondente. Tudo que interfere para mais ou para menos em um dos lados, interfere da mesma maneira para o outro lado.

CURIOSIDADE

O frei Luca Pacioli além de frei franciscano era professor de matemática voltado às habilidades mercantis, e foi em um livro escrito aos seus alunos, chamado: *"Summa de arithmetica, geometria, porpotioni et proportionalita"* (Coleção de conhecimentos de aritmética, geometria, proporção e proporcionalidade); 1494, que ele citou pela primeira vez o que hoje conhecemos como método das partidas dobradas, que também é conhecido em algumas regiões como método veneziano ou "El modo de Vinegia".

Após a publicação deste livro Luca Pacioli é convidado a trabalhar em Milão, onde conhece e trabalha junto com Leonardo da Vinci, que em 1509 vem a ilustrar sua obra considerada a mais importante, *"De Divina Proportioni"*, ou chamado em inglês de *Divine Proportion*.

COMPREENDENDO O DÉBITO E O CRÉDITO DE FORMA CLARA

Um dos grandes desafios para não contadores entenderem os relatórios contábeis é compreender de forma clara os conceitos de DÉBITO e CRÉDITO aos olhos da contabilidade

De um modo geral as próprias definições de DÉBITO e CRÉDITO nos confundem na hora de compreender os seus conceitos contábeis. Por costume, devido a forma como trabalhamos esses conceitos em nossas operações bancárias no dia-a-dia, entendemos crédito como "saldo positivo" e débito como "saldo negativo"; porém essa definição deve ser completamente esquecida para a correta compreensão das definições contábeis de Débito e Crédito, que são diferentes das aplicações bancárias dos termos.

Um esquema que pode ser usado para nos ajudar a compreender esses conceitos é o seguinte:

Em toda e qualquer transação contábil enxerga-se:
Débito ➡ Destino
Crédito ➡ Origem

Partindo desse conceito inicial e entendendo que transação contábil "é toda e qualquer operação relacionada às riquezas e fatores patrimoniais de uma empresa em face das ações humanas" podemos enxergar melhor esse conceito aplicando alguns exemplos.

PONTO IMPORTANTE

O CONCEITO DE TRANSAÇÃO CONTÁBIL:

"[...]é toda e qualquer operação relacionado às riquezas e fatores patrimoniais de uma empresa em face das ações humanas"

Apesar de, por regra geral, operações e demonstrações contábeis sempre usarem como unidade de medida padrão uma moeda (seja R$, $, €, £, ¥ ou outras), operações e objetos contábeis não são sempre, necessariamente, **DINHEIRO**.

Toda operação contábil é representada por sua "mensuração monetária", mas existem fatores não monetários que são e DEVEM SER SEMPRE representados contabilmente. Um exemplo clássico é a **DEPRECIAÇÃO**, que é a representação contábil do desgaste físico de um objeto ou bem ao longo do tempo. Ou o registro dos ATIVOS INTANGÍVEIS tais como propriedades intelectuais ou obras de arte, que são a representação da mensuração de valor de um direito autoral, creditório etc.

Apesar de não serem sempre operações monetárias, todas as operações devem ser representadas em forma monetária, tendo como unidade de medida a moeda local e respeitando as partidas dobradas SEMPRE, ou seja, os conceitos de DÉBITO E CRÉDITO.

EXEMPLOS DA APLICAÇÃO

Uma empresa contrai junto ao BANCO XXX o valor R$ 10.000,00 em empréstimos, saca em dinheiro esse recurso e sabe que irá pagar de encargos e juros R$ 1.000,00 além dos R$ 10.000,00 que sacou.

Aplicando os conceitos demonstrados acima de que DÉBITO = DESTINO e de que CRÉDITO = ORIGEM temos que enxergar a seguinte situação.

• Qual o destino dos R$ 10.000,00?
• Qual o destino dos R$ 1.000,00?
• Qual a origem de todo esse recurso?

Respondendo às 3 questões acima, temos com mais clareza a formatação dos registros contábeis a serem efetuados.

> D – 10.000,00 – CAIXA
> D – 1.000,00 – Despesa Financeira (Juros e encargos)
> C – 11.000,00 – Banco XXX (Contas a Pagar)

Então, de acordo com os conceitos que acabamos de analisar, vimos que todas as operações mensuráveis devem ser contabilizadas seguindo a regra de origem e destino em seus respectivos lançamentos a crédito e débito. Para demonstrar melhor e compreender por completo os conceitos, tente identificar os respectivos débitos e créditos das transações abaixo:

- EXERCÍCIO 1 –

Uma empresa adquiriu 10 computadores no valor de R$ 2.000,00 cada, sendo que 50% do valor saiu da conta bancária da empresa e os outros 50% serão pagos parcelados sem juros nos próximos meses.

- EXERCÍCIO 2 –

A empresa XXXX possui um veículo no valor R$ 100.000,00, considerando o desgaste do veículo devido ao seu uso estipulou-se uma depreciação de 10% ao ano, para o fechamento do ano precisamos registrar essa depreciação após o primeiro ano de uso do veículo.

NATUREZA DAS CONTAS CONTÁBEIS – CONTAS CREDORAS E CONTAS DEVEDORAS

Uma vez compreendido de forma clara o conceito de Débito e Crédito aos olhos da contabilidade fica mais fácil entender e identificar a natureza das contas contábeis. Existem duas naturezas de conta e toda e qualquer conta contábil se enquadra entre; "Conta Credora", "Conta Devedora".

A Natureza de uma conta esclarece a sua função nos registros contábeis. Como enxergamos débito como "destino de recursos" e crédito como "origem de recursos" na hora de um registro contábil, podemos entender as contas de Natureza Devedora são aquelas que aumentam seu saldo quando recebem um débito(recebem o recurso), e as contas de Natureza Credora são as que aumentam se saldo quando recebem lançamentos a Crédito(cedem o recurso)

Para ficar mais claro, vamos entender essas naturezas a partir de exemplos:

Uma empresa recebe um pagamento de um cliente em sua conta bancária, o lançamento contábil será.

Débito (Destino) – Banco
Crédito (Origem) – Clientes

Neste lançamento, o saldo da conta Banco, recebendo o recurso está aumentando ou diminuindo?
O Saldo da conta Clientes (Contas a Receber) está aumentando ou diminuindo cedendo recursos na transação contábil?
Neste exemplo temos que a conta Banco aumenta seu saldo quando recebe um lançamento a Débito, já a conta Clientes diminui seu saldo quando recebe um lançamento a Crédito, então, podemos concluir que **ambas as contas são contas de _Natureza Devedora._**

Em um segundo exemplo, temos que uma empresa pagou, através de uma transferência bancária uma parcela de um empréstimo que ela havia contraído. O lançamento contábil ficará:

Débito (Destino) – Empréstimo Bancário
Crédito (Origem) – Banco

Neste lançamento, o saldo da conta Empréstimo Bancário (Contas a Pagar), recebendo o recurso está aumentando ou diminuindo?
O Saldo da conta Banco está aumentando ou diminuindo cedendo recursos na transação contábil?

Neste exemplo temos que a conta Empréstimo Bancário diminui seu saldo quando recebe um lançamento a Débito, já a conta Banco também diminui seu saldo quando recebe um lançamento a Crédito, então, podemos concluir que **a conta Empréstimo Bancário tem _Natureza Credora_, já a conta Banco tem a _Natureza Devedora_**, como já havíamos visto no exemplo anterior.

Para dar ainda mais clareza, tente identificar as naturezas das contas contábeis abaixo, observando as seguintes transações contábeis:

- EXEMPLO 1 –
Débito (Destino) – Honorários Advocatícios (Despesa)
Crédito (Origem) – Escritório de advocacia Fulano e Beltrano (Contas a Pagar)

- EXEMPLO 2 –
Débito (Destino) – Clientes (Contas a Receber)
Crédito (Origem) – Vendas (Receita)

Entendendo o conceito do que é uma conta de natureza devedora e o que é uma conta de natureza credora, é possível entender o esquema abaixo, que divide os grupos de contas contábeis pelas suas naturezas geralmente identificadas:

Em via de regra todas as contas contábeis respeitam a divisão descrita no esquema acima, e o saldo de uma conta contábil deve estar sempre de acordo com a sua natureza e natureza do grupo a que a conta pertence, porém como toda regra tem sua exceção, neste caso as exceções são as chamadas "contas redutoras", que são as contas que pertencem a um grupo, porém têm saldo contábil diferente da natureza geral do grupo. Para facilitar a visualização e a compreensão dos relatórios, essas contas redutoras geralmente são apresentadas com o sinal (-) e seu saldo com números negativos.

Para ficar mais claro, vamos avançar e entender o **PLANO DE CONTAS**, conceituando cada um dos GRUPOS DE CONTAS CONTÁBEIS que compõem um plano de contas.

PLANO DE CONTAS E GRUPOS DE CONTAS CONTÁBEIS

Vamos primeiramente entender e conceituar o que é um Plano de Contas.

CONCEITO

Plano de Contas

"[...]Uma ferramenta poderosa, usada para registrar todas as movimentações financeiras da empresa. Por meio dela, os registros são classificados e codificados de maneira que a administração tenha uma melhor visão sobre a origem e sobre o uso de cada operação financeira."

Em resumo o Plano de Contas nada mais é do que o conjunto das contas contábeis utilizadas para registra contabilmente todas as operações de uma empresa a partir de sua mensuração monetária, todo plano de contas contábil precisa estar dividido em grupos, seguindo os padrões abaixo:

- ATIVO – CONTAS DEVEDORAS
- PASSIVO – CONTAS CREDORAS
- PATRIMÔNIO LÍQUIDO – CONTAS CREDORAS
- CUSTOS – CONTAS DEVEDORAS
- DESPESAS – CONTAS DEVEDORAS
- RECEITAS – CONTAS CREDORAS

> **PARA LEMBRAR**
>
> Apesar das naturezas de contas geral dos grupos de contas ser geralmente os descritos acima, e do saldo contábil de uma conta dever estar sempre de acordo com a natureza da conta, existe em todos os grupos de contas a possibilidade das chamadas "contas redutoras" que pertencem a um grupo, mas possuem saldo contábil diferente da natureza geral do grupo. Essas contas são geralmente apresentadas com sinal (-) e seu saldo através de números negativos.

Agora vamos entender melhor cada um dos grupos de contas que compõem um Plano de Contas.

- ATIVO

"[...]ativo é um recurso controlado pela entidade como resultado de eventos passados e do qual se espera que fluam futuros benefícios econômicos para a entidade;". (CPC 00)

A composição do ativo é comumente definida por: "Bens e Diretos" de uma entidade, seguindo os exemplos abaixo:

Bens – Máquinas, terrenos, estoques, dinheiro (bancos e caixa) em moedas diversas, ferramentas, veículos, imóveis, instalações, móveis, etc.

Direitos – Contas a Receber, duplicatas a receber, créditos tributários, ações, títulos de créditos etc.

- PASSIVO

"[...]passivo é uma obrigação presente da entidade, derivada de eventos passados, cuja liquidação se espera que resulte na saída de recursos da entidade capazes de gerar benefícios econômicos;" (CPC 00)

Assim como o ativo tem além de seu conceito oficial definido no CPC 00 um conceito comum, o passivo também tem, sendo comumente definido como **"dívidas e obrigações"** de uma entidade.

Em uma definição mais simples o Passivo representa geralmente os financiamentos de uma empresa, o passivo registra o financiamento a partir do capital de terceiros (empréstimos, fornecedores, contas a pagar, financiamentos bancários, capital de acionistas, sócios ou cooperados).

- PATRIMÔNIO LÍQUIDO

"[...]patrimônio líquido é o interesse residual nos ativos da entidade depois de deduzidos todos os seus passivos." (CPC 00)

O Patrimônio Líquido representa em resumo, o financiamento a partir de Capital Próprio (reservas de lucros, sobras, lucros acumulados, superávits, reservas de capital, Capital Social de cooperados, cotistas, acionistas etc.)

Por definição temos que todos os lançamentos contábeis devem ter débitos e créditos igualmente somados, da mesma forma temos que o ATIVO de uma empresa deve ser sempre, sem exceção, igual à soma do PASSIVO com o PATRIMÔNIO LÍQUIDO, mais para frente vamos entender melhor isso quando estudarmos os relatórios, incluindo o Balanço Patrimonial, mas em resumo o patrimônio líquido demonstra a riqueza real de uma empresa, ou seja, todos os seus bens e direitos deduzidos de suas dívidas e obrigações.

DE ACORDO COM O CPC 00, NO ITEM 4.38:

> *"Um item que se enquadre na definição de um elemento deve ser reconhecido se: (a) for provável que algum benefício econômico futuro associado ao item flua para a entidade ou flua da entidade; e (b) o item tiver custo ou valor que possa ser mensurado com confiabilidade"*

A partir dessa orientação extraída do CPC, entende-se os critérios para registro de um item no Ativo de uma empresa:

- Comprovar o provável benefício econômico presente ou futuro para a empresa.
- Valor ou Custo mensurável com **CONFIABILIDADE.**

Por isso algumas situações (provisões) e alguns ativos (intangíveis em geral) não são registrados, porque não são mensuráveis com confiabilidade, um exemplo pode ser o valor da marca, sabemos que toda marca tem seu valor, muitas vezes sendo até um dos maiores ativos de uma empresa, porém não existem critérios para mensurar com confiabilidade o valor de uma marca, por isso esse valor não pode ser registrado no ativo, assim como algumas provisões não são registradas porque não são mensuráveis com confiabilidade.

- RECEITAS

"[...]receitas são aumentos nos benefícios econômicos durante o período contábil, sob a forma da entrada de recursos ou do aumento de ativos ou diminuição de passivos, que resultam em aumentos do patrimônio líquido, e que não estejam relacionados com a contribuição dos detentores dos instrumentos patrimoniais." (CPC 00)

As receitas geralmente são operações que representam aumento da riqueza de uma empresa, isso pode representar tanto uma redução de passivo quanto um aumento de ativo. São diversos tipos de receitas, desde receitas operacionais por vendas ou prestação de serviços, receitas financeiras, receitas não operacionais etc.

- DESPESAS

"[...]despesas são decréscimos nos benefícios econômicos durante o período contábil, sob a forma da saída de recursos ou da redução de ativos ou assunção de passivos, que resultam em decréscimo do patrimônio líquido, e que não estejam relacionados com distribuições aos detentores dos instrumentos patrimoniais." (CPC 00)

As despesas são em geral o oposto das receitas, ou seja, operações que representam diminuição da riqueza de uma empresa, seja através do aumento de passivo ou de uma redução de ativo. Assim como as receitas as despesas podem ser subdivididas em diversos grupo, como despesas operacionais, despesas administrativas, despesas financeiras etc.

- CUSTOS

Os custos assim como as despesas, são operações que representam diminuição da riqueza de uma empresa, a diferença está no fato de que custos são gastos relativos diretamente a bens e serviços utilizados na produção de outros bens e serviços pela empresa.

Em termos gerais dizemos que os custos são os gastos alocados diretamente na operação da empresa, de acordo com a sua atividade fim. Os gastos administrativos, de gestão, manutenção e outros são as despesas.

Os impactos dos custos e das despesas no resultado são exatamente iguais, essa diferença de classificação é para fins gerenciais, a fim de facilitar ainda mais a tomada de decisão dos usuários dos relatórios contábeis.

Capítulo II
Princípios Fundamentais, Demonstrações e Índices de Análises

PRINCÍPIOS FUNDAMENTAIS DA CONTABILIDADE

Existem alguns princípios que são considerados os princípios fundamentais da contabilidade, esses princípios regem todos os procedimentos e registros contábeis. Existem diversas bibliografias que tratam de formas diferentes um ou outro entre os que são considerados princípios considerados fundamentais, mas geralmente os princípios contábeis considerados fundamentais em geral são:

- **Princípio da Entidade**
- **Princípio da Continuidade**
- **Princípio da Oportunidade**
- **Princípio da Competência**
- **Princípio da Prudência**
- **Princípio do Custo como Base de Valor**
- **Princípio da Essência sobre a Forma**
- **Princípio da Equidade**
- **Princípio da Comparabilidade**

Vamos entender melhor cada um desses princípios:

- **ENTIDADE**

Segundo o princípio da Entidade a empresa deve ser tratada como PERSONALIDADE JURÍDICA INDEPENDENTE, ou seja, seus sócios, acionistas ou empresas controladas/coligadas não podem se misturar a entidade. Um fator muito importante dentro desse princípio da entidade é o patrimônio da empresa que não pode se misturar com o patrimônio de seus sócios, algo muitas vezes ignorados por pequenos empresários.

- **CONTINUIDADE**

Os registros contábeis devem sempre pressupor que a empresa continuará suas atividades, ou seja, suas operações serão continuadas a curto, médio e longo prazo.

- **OPORTUNIDADE**

Refere-se, simultaneamente, a tempestividade e a integridade do registro do patrimônio e das suas mutações, determinando que este seja feito de imediato e com a extensão correta, independentemente das causas que as originaram

- **COMPETÊNCIA**

O Princípio da Competência determina que os efeitos das transações e outros eventos sejam reconhecidos nos períodos a que se referem, independentemente do recebimento ou pagamento.

Em outras palavras o princípio da competência rege que um registro deve ser feito sempre a partir do se FATO GERADOR, seja a contratação de um serviço, a prestação de um serviço, a venda de um produto etc. independente de pagamento, recebimento e/ou emissão de documento fiscal. Esse princípio geralmente é o que causa maior confusão na interpretação dos relatórios contábeis por empresários, que muitas vezes confundem as receitas/despesas contábeis com as entradas/saídas financeiras, ignorando o fato de que a contabilidade deve SEMPRE levar em conta o princípio da competência.

- **PRUDÊNCIA**

O princípio da Prudência determina que para fins de registros contábeis, o cenário mais pessimista deve ser o adotado sempre. Em termos práticos ele diz que o menor valor possível deve ser o adotado para itens do ATIVO e o maior valor possível para itens do PASSIVO. Em notas explicativas os diferentes cenários podem ser apresentados, inclusive no que diz respeito à gestão de riscos, mas o registro contábil deve ser sempre o mais prudente o possível.

- **CUSTO COMO BASE DE VALOR**

Pressupõe que todos os itens que compõem o ativo e o passivo de uma empresa devem ser inicialmente registrados pelo valor original da transação, independente de fatores que levaram a esse registro. Um exemplo clássico para ilustrar na prática esse princípio é: uma empresa adquire por meio de leilão por R$ 70.000,00 um veículo que tem valor de mercado em R$ 120.000,00. Seguindo o princípio do custo como base de valor, a contabilidade deve ignorar o fato de que o veículo vale R$ 120.000,00 e registrar a transação pelo seu valor original, ou seja, R$ 70.000,00.

- **ESSÊNCIA SOBRE A FORMA**

Para que a informação represente adequadamente as transações e outros eventos que ela se propõe a representar, é necessário que sejam contabilizados e apresentados de acordo com a sua substância e realidade econômica, e não meramente sua forma legal. Em outras palavras, para fins de registros contábeis não deve ser considerado apenas o que diz um documento ou uma nota fiscal, mas o que de fato representou o fato gerador, ou seja, a essência da transação deve ser contabilizada e não apenas a sua forma. Um exemplo é um serviço prestado, que deve ser contabilizado assim que concluído, independente de ter havido emissão de nota fiscal, respeitando então o princípio da essência sobre a forma e o princípio da competência.

- **EQUIDADE**

Segundo o princípio da equidade os efeitos da transação contábeis devem se sobrepor aos interesses de quaisquer de seus usuários, ou seja, independente do interesse de gestores, acionistas, investidores, governo, cooperados etc. os registros devem ser efetuados com todos os seus efeitos contábeis, fiscais e financeiros.

- **COMPARABILIDADE**

O princípio da comparabilidade defende que todas as informações registradas devem estar dentro dos padrões a fim de garantir que sejam comparáveis tanto com os mesmos registros em outras empresas como com os registros de anos anteriores da mesma empresa. Por isso, a formatação dos relatórios, a forma de registro, os grupos contábeis e a apresentação devem seguir os padrões internacionais e não serem feitos de acordo com a vontade de gestores, contadores, acionistas, auditores, governos locais etc.

A comparabilidade é uma das essências da contabilidade, já que apenas com informações de fato compráveis é possível estudar os números e índices de uma empresa dentro de um mercado e ao longo do tempo a fim de, de fato, auxiliar na tomada de decisões.

> **CURIOSIDADE**
>
> Até o ano de 2016, vigorava o texto da Resolução 750/1993 do CFC que listava em seu artigo 3º os princípios fundamentais da contabilidade no Brasil:
>
> "Art. 3º São Princípios de Contabilidade:
> I) o da ENTIDADE;
> II) o da CONTINUIDADE;
> III) o da OPORTUNIDADE;
> IV) o do REGISTRO PELO VALOR ORIGINAL;
> V) o da ATUALIZAÇÃO MONETÁRIA; (Revogado pela Resolução CFC nº. 1282/10)
> VI) o da COMPETÊNCIA; e
> VII) o da PRUDÊNCIA."
>
> Em 2007 o Brasil iniciou o processo de convergência aos padrões internacionais de contabilidade com a publicação da Lei 11.638/2007 e em 2009 com a Resolução CFC 1.156/2009. Como parte desse processo de internacionalização, Em 2016, essa resolução 750/1993 foi revogada, o que não significa que os princípios deixaram de existir, apenas que foram adotados os princípios já aceitos internacionalmente, que apesar de não constarem listados efetivamente como era na resolução do CFC, estão diluídos nas IFRS(normas internacionais), traduzidos para o Brasil através dos CPC's.

ENTENDENDO AS PRINCIPAIS DEMONSTRAÇÕES CONTÁBEIS

BALANCETE ANALÍTICO

O balancete Analítico é um relatório que tem como objetivo facilitar a análise das movimentações contábeis de um período, seja um período quinzenal, mensal, anual, trimestral, anual ou qualquer outro período. O balancete é um relatório que traz todas as contas e grupos de contas, apresentando seu saldo no início do período, todas as transações registradas a débito em cada uma das contas no período, as transações registradas a crédito em cada uma das contas no período e o saldo final dessas contas após todas as transações.

Alguns pontos importantes a observar é que por não trazer um período fechado(encerrado) e por apresentar todos os grupos de contas, em um balancete não se vê a fórmula ATIVO = PASSIVO + PATRIMONIO LÍQUIDO.

Mas como o método das partidas dobradas exige que toda transação tenha registrada sua origem e seu destino obrigatoriamente através de um débito e de um crédito, um balancete correto tem o total de sua coluna "débitos" sempre igual ao total de sua coluna "créditos"; além disso os saldos, tanto iniciais como finais das contas devedoras devem ser sempre iguais as contas credoras ou seja:

ATIVO + CUSTOS + DESPESAS = PASSIVO + PATRIMÔNIO LÍQUIDO + RECEITAS.

Ou em Resumo:

ATIVO = PASSIVO + PATRIMONIO LÍQUIDO + RESULTADO

	Saldo Inicial		Débitos	Créditos	Saldo Final	
	Devedor	Credor			Devedor	Credor
Caixa	1.500,00		500,00	250,00	1.750,00	
Bancos	10.000,00		3.000,00	7.000,00	6.000,00	
Clientes	5.000,00		10.000,00	3.000,00	12.000,00	
Mercadorias para revenda	5.000,00		2.000,00	3.000,00	4.000,00	
Veículos	50.000,00				50.000,00	
Móveis e Utensílios	20.000,00				20.000,00	
(-) Depreciação Acumulada		15.000,00		500,00		15.500,00
Fornecedores		6.000,00	3.000,00	2.000,00		5.000,00
Obrigações com Pessoal		7.000,00	4.000,00	1.500,00		4.500,00
Obrigações Tributárias		3.000,00	1.250,00	2.000,00		3.750,00
Empréstimos Bancários		10.000,00	2.500,00			7.500,00
Emrpréstimos Bancários Longo Prazo		25.000,00				25.000,00
Capital Subscrito		10.000,00				10.000,00
(-) Capital a Integralizar	2.000,00				2.000,00	
Reserva de Lucros		15.000,00				15.000,00
Custo de Mercadoria Vendia	3.000,00		3.000,00		6.000,00	
Despesas com Pessoal	4.000,00		1.500,00		5.500,00	
Despesas de Aluguel	5.000,00		4.000,00		9.000,00	
Despesas de Depreciação	1.500,00		500,00		2.000,00	
Receita de Vendas		25.000,00		18.000,00		43.000,00
(-) Deduções da Receita	9.000,00		2.000,00		11.000,00	
	116.000,00	116.000,00	37.250,00	37.250,00	129.250,00	129.250,00

BALANÇO PATRIMONIAL

O Balanço Patrimonial é uma demonstração contábil que tem como foco apresentar a composição do patrimônio de uma empresa ao final de um exercício comercial, no Brasil em geral adotamos o exercício comercial semelhante ao exercício social, ou seja, de 01 de janeiro à 31 de dezembro. Como vimos anteriormente os ATIVOS (Bens e Direitos) e os PASSIVOS (Dívidas e Obrigações) e o PATRIMONIO LÍQUIDO (Riqueza real da empresa).

A Apresentação do Balanço Patrimonial segue algumas regras para em primeiro lugar padronizar as demonstrações a fim de dar comparabilidade e em segundo lugar facilitar a análise. Imagine por exemplo o ATIVO se, não houvesse regras e ele apresentasse aleatoriamente os bens e direitos da empresa, seria complicado entender o quanto isso pode representar na condição de pagamento de dívidas, por exemplo, da empresa.

A fim de melhorar isso, o critério de apresentação das contas dentro do Balanço Patrimonial no caso do Ativo é de acordo com a liquidez de cada conta (da maior liquidez para a menor liquidez). Em outras palavras divide-se o Ativo entre **Circulante**, que representa o curto prazo, ou seja, são os bens e direitos com liquidez inferior a 12 meses contando da data do Balanço (encerramento do exercício comercial) e **Não Circulante** que engloba as contas com liquidez superior a 12 meses da data do encerramento comercial e as contas com liquidez indefinida.

Seguindo essa regra de apresentação pela liquidez decrescente, agrupam-se em primeiro lugar as contas que são efetivamente dinheiro, ao qual chamamos de Disponível ou disponibilidades (caixa, bancos, aplicações de liquidez imediata), depois as contas que podem se converter em dinheiro dentro deste curto prazo (estoques, clientes a receber investimentos de curto prazo etc.)

No Passivo, o critério de divisão segue um padrão semelhante também divididos entre **Circulante** e **Não Circulante**, mas no caso do passivo classificados de acordo com o prazo de exigibilidade crescente, ou seja, os exigíveis a menor prazo compõem o circulante(que deverão ser pagos antes de 12 meses da data do balanço) e os exigíveis a maior prazo compõem o não circulante. Para exemplificar no circulante temos contas como Fornecedores, Salários a Pagar, Impostos a Recolher etc.; no longo prazo temos contas como Financiamentos de longo prazo, Empréstimos de longo prazo, Empréstimos de sócios etc.

O Patrimônio Líquido apresenta a composição da riqueza da empresa, de tudo que é de fato riqueza real da empresa (ativos – passivos) o que é Capital Social, o que compõem reservas tanto de capital quanto de lucros, o que está à disposição para ser distribuído em forma de lucros, dividendos, sobras etc.

A regra geral que rege o Balanço Patrimonial (considerando que ele sempre representa um período encerrado [resultado apurado]) é a que já vimos anteriormente:

ATIVO	**78.250,00**
CIRCULANTE	**23.750,00**
DISPONÍVEL	**7.750,00**
Caixa	1.750,00
Bancos	6.000,00
CLIENTES	**12.000,00**
Clientes	12.000,00
ESTOQUES	**4.000,00**
Mercadorias para revenda	4.000,00
NÃO CIRCULANTE	**54.500,00**
IMOBILIZADO	**54.500,00**
Veículos	50.000,00
Móveis e Utensílios	20.000,00
(-) Depreciação Acumulada	(15.500,00)
PASSIVO + PL	**78.250,00**
CIRCULANTE	**20.750,00**
FORNECEDORES	**5.000,00**
Fornecedores	5.000,00
CONTAS A PAGAR	**8.250,00**
Obrigações com Pessoal	4.500,00
Obrigações Tributárias	3.750,00
EMPRÉSTIMOS E FINANCIAMENTOS	**7.500,00**
Empréstimos Bancários	7.500,00
NÃO CIRCULANTE	**25.000,00**
EMPRÉSTIMOS E FINANCIAMENTOS	**25.000,00**
Empréstimos Bancários Longo Prazo	25.000,00
PATRIMÔNIO LÍQUIDO	**32.500,00**
CAPITAL SOCIAL	**8.000,00**
Capital Subscrito	10.000,00
(-) Capital a Integralizar	(2.000,00)
RESERVAS E FUNDOS	**15.000,00**
Reserva de Lucros	15.000,00
LUCROS DO EXERCÍCIO	**9.500,00**
Lucro Líquido do Execício	9.500,00

DEMONSTRAÇÃO DE RESULTADO NO EXERCÍCIO – D.R.E.

Um dos fatores mais observados em na análise de uma empresa são os seus resultados apurados em um ou mais períodos, a DRE nada mais é do que a demonstração dessa apuração de resultado em um determinado período. Costuma-se ler em algumas obras contábeis que o Balanço Patrimonial é como uma "foto", ou seja, são dados estáticos em uma data de corte ou de encerramento. Diferente disso a DRE é um relatório de dados dinâmicos (se o Balanço é uma foto, a DRE seria como um vídeo), ou seja, a DRE apresenta o andamento/a variação dos dados ao longo de um período de tempo, seja mensal, trimestral, semestral, anual etc.

A DRE traz em sua estrutura as contas de resultado (Custos, Despesas e Receitas) apresentadas respeitando a seguinte estrutura.

RECEITA BRUTA
(-) DEDUÇÕES DA RECEITA
= LUCRO BRUTO
(-) CUSTOS
= LUCRO/PREJUÍZO OPERACIONAL
(-) DESPESAS
= LUCRO/PREJUÍZO LÍQUIDO ANTES DOS IMPOSTOS
(-) IMPOSTO SOBRE O LUCRO
= LUCRO/PREJUÍZO LÍQUIDO DO EXERCÍCIO
= LUCRO/PREJUÍZO POR AÇÃO/QUOTA

O resultado final apurado na DRE, se incorpora ao Balanço Patrimonial como parte do Patrimônio Líquido nas contas de Lucro ou Prejuízo do exercício. Da DRE são extraídas outras informações importantes além apenas do resultado líquido propriamente dito. Informações gerenciais como peso das despesas administrativas sobre o faturamento, mark-up (margem bruta de rentabilidade), custos variáveis, peso do pessoal, variação em determinadas despesas ao longo de períodos comparáveis (crescimento ou redução). Todas essas informações que podem ser extraídas da DRE são extremamente úteis para o que vimos que deve ser o principal objetivo da contabilidade, auxiliar na tomada de decisões dos usuários e na gestão de uma empresa.

De uma forma Simplificada a DRE apresentaria a seguinte composição:

RECEITA BRUTA	**43.000,00**
Vendas	43.000,00
DEDUÇÕES DA RECEITA	**- 11.000,00**
(-) Impostos sobre a Receita	- 11.000,00
= LUCRO BRUTO	32.000,00
CUSTOS	**- 6.000,00**
Custos da Mercadoria Vendida	- 6.000,00
= LUCRO OPERACIONAL	26.000,00
DESPESAS	**- 16.500,00**
Despesas com Pessoal	- 5.500,00
Despesas Administrativas	- 9.000,00
Despesas de Depreciação	- 2.000,00
= LUCRO LÍQUIDO	9.500,00

DEMONSTRAÇÃO DO FLUXO DE CAIXA – DFC

Uma grande dificuldade de entendimento dos relatórios contábeis é a questão **LUCRO VS. CAIXA**, muitas vezes olhamos para a DRE e vemos um resultado positivo e esperamos ver esse mesmo valor como como aumento de dinheiro nas contas da empresa imaginando ser uma questão lógica, o que não o é do ponto de vista contábil.

A DFC tem por objetivo mostrar o quanto de recursos (disponibilidades) aumentou o diminuiu nas contas de uma empresa dentro de um período de tempo, ou seja, partindo do resultado apura-se quanto esse resultado significou de fato em aumento ou diminuição das disponibilidades da empresa, o quanto as operações da empresa gerou de dinheiro ou o quanto consumiu de dinheiro neste período de tempo. Para entender a DFC, o primeiro passo é entender a diferença *RESULTADO VS GERAÇÃO/CONSUMO DE RECURSOS*.

Para entendermos isso vamos às definições. Lucro/Prejuízo são o resultado econômico das operações da empresa em um período através da dedução dos custos e despesas do total da receita deste período. Fluxo de caixa representa os ingressos e saídas de recursos de uma empresa através de recebimentos e pagamentos em um período.

Parecem coisas semelhantes, mas **_não são_**, principalmente porque os fatos contábeis são registrados seguindo o que já vimos anteriormente, o princípio da competência. Imagine a seguinte situação, neste mês sua empresa vendeu R$50.000,00, mas a prazo para receber em 5 parcelas de R$10.000,00, você decide por contratar uma consultoria para melhorar o desempenho de sua empresa e essa consultoria custa R$100.000,00, para ser pago em 20 parcelas de R$5.000,00. Analisando o resultado do mês você tem uma receita de R$ 50.000,00 e uma despesa de R$100.000,00, logo fecha o mês com um resultado de PREJUÍZO de R$50.000,00. Mas no seu fluxo de caixa você recebeu uma parcela de R$10.000,00 e pagou 1 parcela de R$5.000,00, logo você aumentou seu caixa em R$5.000,00 no mês.

Este exemplo nos dá a dimensão da análise da D.F.C em conjunto com a análise da D.R.E, isto porque o excedente de recursos no caixa nem sempre significam lucro, assim como o consumo de seu caixa nem sempre representam prejuízo.

Além dos fatores como prazo de recebimento, prazo de pagamento, inadimplência entre outros, existem também as transações não monetárias, que podem representar despesa/receita e não envolverem nenhum tipo de ingresso ou consumo de caixa, assim como operações de investimento, que envolvem a entrada ou saída de recursos do caixa da empresa sem representarem resultado, tais como compra e venda de ativos ou aplicações financeiras e seus resgates.

Quando você compra, por exemplo, um computador novo para a empresa, isso necessariamente envolve a saída de recursos do caixa, mas não é tratado como despesa, pois a empresa não perdeu esse recurso ela apenas alterou sua forma, diminuiu sua liquidez, deixou de ter dinheiro e passou a ter um computador de mesmo valor monetário. Isso diminui seu caixa sem diminuir seu lucro. O contrário também é possível.

Na página seguinte vamos ver um modelo de D.F.C. feita a partir do método indireto, que o mais comum utilizado no Brasil, este método consiste em: a partir do resultado líquido do exercício faz-se os ajustes referentes à transações não monetárias para se chegar ao resultado ajustado, a partir daí considera-se as variações das contas de ativo, passivo e patrimônio líquido e seus impactos na geração/consumo de caixa para se chegar por fim ao caixa líquido gerado ou consumido no período.

Vamos à apresentação da DFC.

Resultado Líquido no período		7.000,00
Ajustes Por:		
Depreciação		500,00
Variações das Contas de Ativo e Passivo:		
Atividades Operacionais		
Clientes	-	7.000,00
Estoques		1.000,00
Fornecedores	-	1.000,00
Obrigações Com Pessoal	-	2.500,00
Obrigações Tributárias		750,00
Caixa Líquido das Atividades Operacionais	-	1.250,00
Atividades de Investimento		
Caixa Líquido das atividades de investimento		0
Atividades de Financiamento		
Empréstimos Bancários	-	2.500,00
Caixa Líquido das atividades de financiamento	-	2.500,00
Variação Líquida de disponível no Período	-	3.750,00
Disponível no início do período		11.500,00
Disponível no final do período		7.750,00
Variação Líquida do disponível no Período	-	3.750,00

DEMONSTRAÇÃO DE MUTAÇÕES NO PATRIMÔNIO LÍQUIDO – DMPL

A Última demonstração contábil básica que veremos é a DMPL. Como o próprio nome diz, o objetivo da DMPL é demonstrar de forma clara o que alterou em um período a riqueza real da empresa, ou seja, o Patrimônio Líquido. A DMPL apresenta a composição do Patrimônio Líquido de uma empresa no início de período, o que causou alteração neste patrimônio (lucros ou prejuízos apurados, reservas constituídas ou revertidas, lucros ou dividendos pagos ou distribuídos, capital subscrito, integralizado ou retirado etc.) e seu saldo no final do período.

A forma de apresentação da DMPL deve ser feita seguindo padrão, assim como todas as demais demonstrações, vejamos abaixo um exemplo de DMPL:

	CAPITAL SUBSCRITO	(-) CAPITAL A INTERGRALIZAR	RESERVA DE LUCROS	LUCROS APURADOS	TOTAL
PL NO INÍCIO DO PERÍODO	10.000,00	(2.000,00)	15.000,00	-	23.000,00
Integralização de Capital	-	1.000,00	-	-	1.000,00
Constituição de Reservas	-	-	-	-	-
Lucro Líquido do Exercício	-	-	-	9.500,00	9.500,00
Pagamento de Dividendos	-	-	(10.000,00)	-	(10.000,00)
PL NO FIM DO PERÍODO	10.000,00	(1.000,00)	5.000,00	9.500,00	23.500,00

PRINCIPAIS ÍNDICES DE ANÁLISE

Um uso importante das informações fornecidas pela contabilidade é o estudo da situação da empresa, uma das ferramentas pelas quais isso é feito é através da interpretação dos índices obtidos pelos dados extraídos das informações contábeis. São inúmeros índices e através da correta interpretação desses mais diversos índices de análise é possível compreender e muitas vezes prever quase tudo dentro de uma empresa.

Todos os índices financeiros são obtidos através dos saldos das contas contábeis, para dar uma noção das análises possíveis vamos estudar aqui os principais e mais comuns índices, a interpretação que se faz de cada um deles e sua fórmula de cálculo.

Os índices que veremos a seguir são:

- **Índice de Liquidez Seca**
- **Índice de Liquidez Corrente**
- **Índice de Liquidez Geral**
- **Grau de Endividamento**
- **Composição do Endividamento**
- **Margem Líquida de Lucratividade**

Analisar uma empresa com base em um único relatório não é algo imaginável, certamente se chegaria a conclusões precipitadas ou mesmo se tomaria decisões equivocadas, um exemplo disso é a relação Caixa vs. Resultado que já vimos anteriormente. O mesmo vale para os índices., entende-se que os índices são ferramentas para entender a situação de uma empresa, mas não se deve tirar conclusões ou tomar decisões com base na análise de um único índice, mas saber usá-los para estudo completo de uma empresa. Um bom exemplo é o grau de endividamento, em regra quanto menor o grau de endividamento de uma empresa, melhor, mas nem sempre endividamento pode ser algo ruim pode ser apenas sinal de expansão e ou investimentos através de financiamento de longo prazo com capital de terceiros. Daí a importância de conhecer e entender os mais diversos índices financeiros possíveis. A composição do endividamento é um exemplo de índice que pode ajudar a enxergar mais claro a situação neste exemplo citado. Para isso vamos estudar melhor a interpretação possível de cada um desses índices que listamos como principais, sabendo que existem muitos outros índices e estudos possíveis a partir da extração de informações das demonstrações contábeis.

- INDICE DE LIQUIDEZ SECA

O índice de Liquidez Seca é o índice que nos apresenta a capacidade imediata de uma empresa de arcar com suas dívidas de curto prazo, ou seja, desconsiderando os recursos a receber ou valores que ainda que sejam de curto prazo não sejam de liquidez imediata (clientes, impostos a compensar etc.). O que significa dizer que esse índice representa o quanto a empresa tem de disponível em relação à quanto a empresa tem de dívidas e obrigações a quitar no curto prazo.

Sua fórmula de cálculo é

DISPONÍVEL / PASSIVO CIRCULANTE

Quanto maior, melhor. É considerado imprescindível que este índice seja maior que 1 (um), pois quando esse índice é menor que 1 (um) significa que a empresa tem obrigações a curto prazo maior que seus recursos disponíveis.

- INDICE DE LIQUIDEZ CORRENTE

O índice de Liquidez Corrente é o índice que nos apresenta a capacidade de uma empresa de arcar com suas dívidas de curto prazo. O que significa dizer que esse índice representa o quanto a empresa tem disponível e a receber em curto prazo em relação à quanto a empresa tem de dívidas e obrigações a quitar no curto prazo.

Sua fórmula de cálculo é

ATIVO CIRCULANTE / PASSIVO CIRCULANTE

Quanto maior, melhor. É considerado imprescindível que este índice seja maior que 1 (um), pois quando esse índice é menor que 1 (um) significa que a empresa tem obrigações a curto prazo, maior que seus recursos de curto prazo.

- INDICE DE LIQUIDEZ GERAL
O índice de Liquidez Geral é o índice que nos apresenta a capacidade de uma empresa de arcar com suas dívidas. O que significa dizer que esse índice representa o quanto a empresa tem de bens e direitos em relação à quanto a empresa tem de dívidas e obrigações. Em outras palavras, quanto faltaria ou quanto sobraria na relação entre Ativo e Passivo em caso de liquidação geral da empresa, ou a representatividade do Patrimônio Líquido da empresa, sua riqueza real.

Sua fórmula de cálculo é

ATIVO TOTAL / PASSIVO CIRCULANTE + PASSIVO NÃO CIRCULANTE

Quanto maior, melhor. É recomendável que este índice seja maior que 1 (um), pois quando esse índice é menor que 1 (um) significa que a empresa tem passivo, ou seja, dívidas e obrigações, maior que seu Ativo, ou seja, seus recursos (bens e direitos).

- GRAU DE ENDIVIDAMENTO

O Grau de Endividamento é o índice que nos apresenta o peso de seu endividamento diante de sua riqueza real própria. O que significa dizer que esse índice representa o quanto a empresa tem de dívidas e obrigações com terceiros em relação à quanto a empresa tem patrimônio líquido (riqueza real).

Sua fórmula de cálculo é

PASSIVO / PATRIMÔNIO LÍQUIDO

Quanto menor, melhor. É recomendável que este índice seja menor que 1 (um), pois quando esse índice é maior que 1 (um) significa que a empresa está financiando suas operações com recursos de terceiros mais do que com próprios recursos. Mas há situações em que isso não represente algo necessariamente ruim, daí a importância de analisar os índices em conjunto e sob o contexto geral em que a empresa se encontra.

- COMPOSIÇÃO DO ENDIVIDAMENTO

A Composição do Endividamento é o índice que nos apresenta quanto do total das dívidas de uma empresa são de curto prazo. Ou seja, de tudo que a empresa deve quanto é dívida de curto prazo e o quanto são dívidas de longo prazo ou mesmo prazo indefinido.

Sua fórmula de cálculo é

PASSIVO CIRCULANTE / PASSIVO

Quanto menor, melhor. É recomendável que este índice seja menor que 1 (um), pois quando esse índice é maior que 1 (um) significa que a maior parte das dívidas da empresa são dívidas exigíveis a curto prazo.

- MARGEM LÍQUIDA DE LUCRATIVIDADE

A margem líquida de lucratividade é o índice que nos apresenta a capacidade que a empresa está apresentando de transformar faturamento em lucro, dentre as diversas análises possíveis a partir dos estudos do resultado de uma empresa as mais comuns são a margem de contribuição e a margem líquida. A margem de contribuição é mais comum nas indústrias, empresas de comércio e outras empresas que trabalham a contabilidade de custos, pois é a relação entre o lucro operacional e o faturamento. Mais comum nas empresas de serviços e outras é a margem líquida que estabelece a relação entre o lucro líquido e o faturamento, em outras palavras, quanto do seu faturamento está se tornando lucro líquido no resultado final

Sua fórmula de cálculo é

LUCRO LÍQUIDO / RECEITA BRUTA

Quanto maior, melhor. É imprescindível que este índice seja maior que 1 (um), pois quando esse índice é menor que 1 (um) significa que a empresa está operando em prejuízo, ou seja seus custos + despesas estão proporcionalmente maiores que seu faturamento, neste caso seria preciso entender a composição destes custos e despesas a fim de solucionar o caso, nem sempre a solução será simplesmente faturar mais, mas talvez reduzir o peso dos custos e despesas variáveis sobre o faturamento. Para isso é importante compreender este índice e não apenas observar o resultado. Dar uma interpretação mais completa das demonstrações é a função dos índices.

Capítulo III
Contabilidade x Gestão Financeira

FLUXO DE CAIXA

Uma das coisas importantes que vimos no capítulo anterior foi a diferença entre a contabilidade e a gestão financeira de uma empresa. A gestão financeira dispõe em geral de três grupos: **Saldo Disponível, Contas a Pagar e Contas a Receber.**

A gestão financeira (ou gestão de fluxo de caixa) considera entrada de recursos e saídas de recursos, não diferencia por exemplo investimento de despesa ou custo. Um exemplo claro disso, já citado anteriormente é quando uma empresa adquire por exemplo um computador. Na visão da gestão financeira a saída de recursos para aquisição desse computador é um fato que diminui o "resultado" no fluxo de caixa, enquanto que para fins contábeis essa aquisição em nada interfere no resultado, apenas na liquidez do ativo, uma vez que não há custo ou despesa envolvido, apenas a troca de dinheiro, que é um ativo da empresa, por um computador, que é da mesma forma um ativo da empresa.

RESERVAS PATRIMONIAIS E PROVISÕES

Nesta relação está a maior dificuldade das pessoas de entenderem muitas vezes os relatórios contábeis ou os índices em paralelo com a gestão dos recursos da empresa. Neste ponto precisamos voltar ao que foi falado no capítulo anterior com relação à diferença entre Lucro/Prejuízo para geração/consumo de caixa.

O resultado contábil, como visto é apurado através do chamado **regime de competência** ou seja, considera uma série de receitas que ainda não foram recebidas e de despesas que não foram pagas, além das transações não monetárias. O fluxo de caixa leva em conta apenas os valores já recebidos e já pagos, além de desconsiderar as operações não monetárias e considerar saídas de recursos que não são despesas ou custos na ótica da contabilidade.

A mesma ideia se replica na constituição de provisões contábeis, seguindo o princípio da prudência, é considerado correto que contabilmente já se reconheça uma despesa provável de ocorrer assim que seja possível mensurá-la com confiabilidade, independente de pagamento. Isso é um tratamento contábil, a constituição da provisão não significa que deva necessariamente haver recursos de liquidez imediata disponíveis para seu pagamento, ou uma conta corrente/aplicação para lastrear essa provisão.

ENTENDENDO A CONTABILIDADE
para pequenos empresários

Edição Digital

Brasília - 2022

www.financassemchatice.com.br

www.ingramcontent.com/pod-product-compliance
Lightning Source LLC
Chambersburg PA
CBHW061616230526
45473CB00031BA/2695